ÉPITRE

A UN AMI,

SUR

L'ÉDUCATION DES FEMMES,

AU 19.ᵐᵉ SIÈCLE ;

Par Armand Durand,

MEMBRE DE LA SOCIÉTÉ ACADÉMIQUE DE SAINT-QUENTIN.

SAINT-QUENTIN.
TILLOY, IMPRIMEUR-LIBRAIRE, GRAND'PLACE.

1828.

Épître à un Ami,

sur

l'Éducation des Femmes,

au 19.e siècle.

ÉPITRE

A UN AMI,

SUR

L'ÉDUCATION DES FEMMES,

AU 19.me SIÈCLE ;

Par Armand Durand,

MEMBRE DE LA SOCIÉTÉ ACADÉMIQUE DE SAINT-QUENTIN.

SAINT-QUENTIN.

TILLOY, IMPRIMEUR-LIBRAIRE, GRAND'PLACE.

1828.

ÉPITRE

à un Ami,

SUR

L'ÉDUCATION DES FEMMES,

AU DIX-NEUVIÈME SIÈCLE.

> La Nature ne peut vouloir que la compagne de l'homme, celle qui fait le charme et la consolation de tous les instans de sa vie, soit séparée de lui par les lumières de l'esprit; et ce n'est plus dans ce siècle qu'il est permis de croire qu'une situation qui restreint les facultés morales, soit un bonheur pour personne.
>
> Mad°. la Princesse Constance de Salm :
> *Les Allemands comparés aux Français.*

G<small>LOIRE</small> aux fils d'Apollon, quand leurs vers inspirés
Excitent notre amour, pour des objets sacrés ;
Quand, empruntant du ciel une divine flamme,
Leur voix, d'un noble feu, sait échauffer notre âme;
Quand leur lyre sonore, en vers mélodieux,
Célèbre les Héros, les Belles et les Dieux !

Mais que je plains l'auteur, dont la muse ennemie,
Pour la satire seule, anime le génie,
Et qui ne sait tirer du laurier des neuf Sœurs,
Qu'une sève mordante et des sucs corrupteurs !
J'admire Juvénal, quand sa vive hyperbole,
Fait frémir de ses cris l'écho du Capitole ;
J'admire de Boileau les récits attachans,
S'il dépeint le bonheur qu'il goûte dans les champs,
Ou si son vers heureux éternise la gloire
Des guerriers que Louis conduit à la victoire.
Mais d'un sexe adoré, lâches blasphémateurs,
Ils ont sur sa faiblesse exercé leurs fureurs ;
A la méchanceté, joignant le ridicule,
Ils ont sur la beauté lancé les traits d'Hercule ;
Et tout cœur généreux, plein d'une juste ardeur,
En admirant les vers, a maudit leur auteur.

Honneur à notre siècle ! on ne suit point leurs traces,
Et le Français poli, sacrifiant aux Grâces,
Sait, par un doux accord, réunir dans son cœur,
L'amour et le respect pour un sexe enchanteur.
Soutiens ma faible voix, toi qui pris sa défense,
Qui chantas ses vertus, qui vengeas son offense,
Aimable Legouvé ; par l'amour inspiré,
Ton poëme est pour nous comme un hymne sacré ;

Et tous les fils, lisant tes vers si pleins de charmes,
Se rappellent leur mère, et répandent des larmes.

Quelques esprits encore, envieux et jaloux,
Blâment un noble usage adopté parmi nous ;
Du soleil qui nous luit, partageant la lumière,
Et des vieux préjugés, secouant la poussière,
Les femmes aujourd'hui, cultivant les beaux-arts,
Ne se contentent plus de charmer les regards.
Quoi ? tu voudrais, Ami, dans ta rigueur austère,
Laisser dans l'ignorance un sexe fait pour plaire,
Et privant son esprit du bienfait le plus beau,
Toujours l'environner des ombres du tombeau ?
Et pourquoi le charger d'une gothique entrave ?
La femme est ta compagne, et non pas ton esclave.
De quel droit prétends-tu, disposant de son sort,
Condamner son esprit au sommeil de la mort ?
Rien ne peut excuser ta barbare exigence :
En arrêtant l'essor de leur intelligence,
Tu crois être prudent, et tu n'es que cruel.
Abusant de ta force, en tyran criminel.
Tu violes des droits donnés par la nature ;
Tu flétris dans son cours la source la plus pure.

Crois-tu que l'ignorance aura l'heureux pouvoir
D'asservir une femme à la loi du devoir,

Et qu'un esprit étroit, un stérile génie,
Fera de ta compagne, une épouse accomplie?
Reviens de ton erreur : l'ignorance aujourd'hui
Amène sur ses pas et le vide et l'ennui ;
Mais l'éducation, formant l'intelligence,
Etendant sur les mœurs son heureuse influence,
Autour de la beauté crée un monde nouveau,
Et de son jeune esprit épurant le flambeau,
Lui fait franchir l'écueil et fuir le précipice
Où mènent l'ignorance et l'aveugle caprice.
Ne te souvient-il plus de ces temps malheureux
Où la femme bornait ses désirs et ses vœux
A régner par l'amour, et, despote coquette,
A montrer au public son luxe et sa toilette ;
Et cherchant des plaisirs qui la fuyaient toujours,
Dissipait dans l'ennui ses inutiles jours.
De vains amusemens follement idolâtre,
De ses fils dédaignés moins mère que marâtre,
Elle les confiait aux mains d'un précepteur,
Quelquefois leur tyran, plus souvent leur flatteur.
Ne crois pas que je trace un tableau chimérique ;
Du malheureux Gilbert la plume satirique,
Du dix-huitième siècle a dépeint les travers,
Et l'histoire est, hélas ! d'accord avec ses vers.

Compare à ce tableau les femmes de notre âge;
Avec moi, cher Ami, tu conviendras, je gage,
Que le culte des arts, trop long-temps abattu,
Entretient dans leurs cœurs l'amour de la vertu.
Tu connais, comme moi, de ces femmes charmantes,
Qu'un esprit cultivé nous rend plus séduisantes,
Et parant la vertu de talens précieux
Qui captivent ensemble et le cœur et les yeux.
Des fruits d'un chaste hymen, diligentes nourrices,
De leur jeune raison, douces institutrices,
Elles font sans efforts éclore leur esprit.
L'enfant retient si bien ce qu'une mère a dit!
O spectacle touchant pour une âme sensible!
Ce n'est point un pédant, dont la voix inflexible
Glace d'effroi l'enfant, et lui fait oublier
Les mots dont, en tremblant, il noircit son papier;
C'est une bonne mère, heureuse d'espérance,
Qui suit, en souriant, les travaux de l'enfance,
Et qui, pour lui sauver les dégoûts et les pleurs,
Entoure l'alphabet de gâteaux et de fleurs.

Dirai-je de ces mœurs d'où vient la différence?
Tu le sais comme moi : jadis quand l'ignorance
Couvrait de son bandeau les yeux de la beauté,
Dès qu'il se connaissait, son cœur désenchanté

Trouvait partout l'ennui, fuyait la solitude,
Et portait au dehors sa vague inquiétude.
D'un monde séduisant le fracas mensonger,
Pendant quelques instans semblait la soulager;
Mais bientôt le dégoût s'emparait de son âme :
Dans les bras de l'hymen que de fois une femme
Rêva d'abord des jours de joie et de bonheur,
Et vit presque aussitôt s'enfuir sa douce erreur !
Quels chagrins accablans pour son âme brûlante !
Son époux s'ennuyait d'une femme ignorante ;
On avait prodigué, pour parer sa beauté,
Cet éclat d'ornemens par le luxe inventé ;
Pour la faire admirer au bal et dans les fêtes,
L'orgueil de ses parens, heureux de ses conquêtes,
Aux climats de l'aurore, achetait à grand prix
La perle, le saphir et les feux du rubis ;
Tandis que leur aveugle et stupide tendresse
N'avait d'aucun talent embelli sa jeunesse.
Tel un jeune arbrisseau, dans la saison des fleurs,
Etend de ses bourgeons les riantes couleurs ;
Si votre œil le contemple, il admire avec joie
Les rameaux parfumés que l'arbuste déploie,
Et prévoit en secret des fruits délicieux ;
Mais cet éclat trompeur qu'il étale à vos yeux,

Cache un suc trop léger, une sève hâtive ;
Zéphire emportera sa beauté fugitive,
Et votre espoir déçu ne doit point recueillir
Les fruits si désirés qui devaient l'embellir.

   Notre siècle, vainqueur de ce barbare usage,
Aux femmes de nos jours rend un plus juste hommage ;
Et loin de comprimer l'essor de leur raison,
Ouvre à sa jeune audace un immense horizon.
O combien il est doux de trouver dans sa femme
Un être qui console et relève notre âme,
Un goût sûr, sans orgueil, et ce charme vainqueur
Qu'ajoute à la beauté la sagesse du cœur !
Par ses prudens conseils, échappant à l'orage,
Souvent nous évitons les horreurs du naufrage ;
De nos prospérités elle embellit le cours,
Et donne à nos vieux ans l'éclat des premiers jours.
Tels deux chênes croissant sur le même rivage,
Se penchent l'un vers l'autre, unissent leur feuillage,
Et bravant la tempête et ses assauts cruels,
Elèvent dans les airs leurs rameaux fraternels.

   Oui, me répondras-tu, celle à qui l'opulence
Permet, au sein des arts, de passer son enfance,
Et qui pourra plus tard les cultiver encor,
Peut aux Sœurs d'Apollon dérober leur trésor ;

Mais ma bile s'échauffe et mon cœur s'exaspère,
Quand je vois, chaque jour, un artisan vulgaire,
Qui, par un long travail et par des soins constans,
Peut d'un honnête avoir enrichir ses enfans,
Epuiser son épargne, afin qu'un jour sa fille
Puisse par ses talens illustrer sa famille,
Jamais elle ne tient l'aiguille ou les fuseaux ;
On remet en ses mains la lyre et les pinceaux.
Combien ce sot orgueil doit lui coûter de larmes !
Dans le luxe élevée et fière de ses charmes,
Bientôt il lui faudra, pour soigner sa maison,
Quitter ces arts brillans qui charmaient sa raison.
Quel morne changement! Crois-tu que, sans tristesse,
Comparant au présent les jours de sa jeunesse,
Aux soins de son ménage elle puisse donner
Cet esprit que les arts ont seuls pris soin d'orner?
Un fier dépit bientôt aigrit son caractère ;
Le soin d'une maison lui paraît trop austère.
Elle maudit le jour, où le serment fatal
La soumit aux rigueurs du lien conjugal,
Et son époux fuyant les clameurs de la belle,
Ne jouit du repos que lorsqu'il est loin d'elle.

 Le tableau qu'à mes yeux tu viens de déployer,
Quoique peu consolant, n'a point droit d'effrayer;

L'abus, comme tu sais, ne proscrit pas l'usage :
Si l'un est insensé, l'autre en est-il moins sage?
Et cet abus lui-même excuse-t-il, dis-moi,
Cet excès révoltant dont tu fais une loi?
Malgré de vains discours, les beaux-arts sur le monde
Multiplîront l'éclat de leur clarté féconde,
Et la femme bravant d'impitoyables lois,
Echappe à ses tyrans, et rentre dans ses droits.
Ensemble interrogeons les annales antiques,
Tu verras avec moi, chez les peuples celtiques,
Les femmes s'illustrer, et nos premiers aïeux
Recevoir, par leur voix, les réponses des Dieux.
Mais sans aller si haut explorer ma patrie,
Nous les voyons au temps de la chevalerie,
Adoucissant les mœurs, changer, grâce à l'amour,
Un sauvage guerrier en galant troubadour.
Quel n'était pas sur eux l'empire d'une amante?
Si sa voix l'exigeait, soudain leur âme ardente
Au joug des voluptés s'arrachait sans effort.
Vêtus de ses couleurs, dans les champs de la mort,
Ils bravaient les périls, en pensant à leurs belles,
Et par d'autres exploits se rendaient dignes d'elles.

Quand vinrent les beaux-arts ranimer l'univers,
C'est encore à l'amour qu'on dut les premiers vers;

Le joyeux ménestrel, pour plaire à sa maîtresse,
Dans ses brillans accords, lui peignait sa tendresse,
Et poète inspiré, chantre de la beauté,
S'élançait avec elle à l'immortalité.
Mais celles qui savaient enflammer le génie,
S'exercèrent bientôt aux lois de l'harmonie,
Et le siècle fameux qui vit régner Louis,
Fit briller leurs talens aux regards éblouis.
Rivale de Ségrais, l'aimable Deshoulière,
Par ses vers délicats, s'illustra la première,
Et sut nous retracer, dans des accords nouveaux,
Le murmure des bois, la fraîcheur des ruisseaux.
Sans prétendre à l'éclat, sans songer à la gloire,
Sévigné s'élevait au temple de mémoire,
Et sut unir son nom à ces noms immortels
Qui du dieu des beaux-arts relevaient les autels.

 Mais pourquoi rappeler encor ce siècle illustre ?
Les femmes n'ont jamais brillé d'un plus beau lustre
Que depuis quarante ans, où libres de leurs fers,
Elles ont à leur tour étonné l'univers ;
Et chantant la vertu, la gloire et l'espérance,
De ses longues douleurs, consolé notre France.
Souvent même, souvent par d'éclatans travaux,
Elles ont su ravir la palme à leurs rivaux.

De l'âge où nous vivons elles sont les merveilles,
Et donnant à l'étude et leurs jours et leurs veilles,
Elles ont eu l'honneur de compter dans leur sein
De talens variés un admirable essaim.
Une femme surtout, témoin de nos orages,
A dominé son siècle ; et ses savans ouvrages,
Riches des temps passés, et perçant l'avenir,
A l'immortalité sont sûrs de parvenir :
De nos jours nébuleux éloquent interprète,
Sa voix se fit entendre au fort de la tempête ;
Et son génie altier, par l'étude agrandi,
Empruntant à Platon son langage hardi,
Tantôt des passions explique l'influence,
Tantôt perçant la nuit des erreurs de la France,
Ou nous faisant rougir de nos dissensions,
Retrace le tableau des révolutions.
Les lettres, les beaux-arts, les lois, la politique,
Occupaient tour à tour cet esprit énergique,
Qui, même dans l'exil, pour charmer ses douleurs,
Des peuples étrangers étudia les mœurs,
De leur philosophie éclaircit les ténèbres,
Et pour se délasser fit des romans célèbres.

Vois Genlis et Cotin nous peindre tour à tour
Les faiblesses d'un cœur dominé par l'amour,

Ou d'un pur sentiment la sympathique flamme,
Echauffant à la fois notre esprit et notre âme.
Par elles nous voyons, en de brillans portraits,
Des héros du vieux temps et les mœurs et les traits,
Ou la société, dans ses changeans caprices,
Nous montrer ses travers, ses vertus et ses vices.
Dirai-je Dufrenoy, Desborde et leurs beaux vers,
Et Tastu, des neuf Sœurs égalant les concerts?
Que j'aime leurs accens, lorsque leur voix chérie
Rappelle nos succès, et chante la patrie!
La gloire les attend, et la postérité
Entourera leurs noms d'un respect mérité.
Plus savante peut-être, en son noble délire,
Salm a su moduler tous les tons sur sa lyre :
Sa voix, sa douce voix, pénètre tous les cœurs;
Nul ne peut résister à ses accens vainqueurs.
Près d'une autre Sapho, brille une autre Corinne,
Qui, dès ses jeunes ans, dans son ardeur divine,
Adressa son hommage au pur sang de nos Rois,
Et chanta nos héros et leurs nobles exploits.
C'est toi, jeune Delphine! ô que de fois mes larmes
De tes vers si touchans ont savouré les charmes!
Mais tremble d'épuiser la coupe des neuf Sœurs;
Le poète a souvent déploré ses douceurs,

Ton talent éblouit à peine à son aurore ;
De quel éclat plus beau doit-il briller encore ?
Comme l'astre immortel, qui luit au haut des cieux,
Ménage ta lumière et ton cours glorieux.

J'omets vingt autres noms, dont la gloire nouvelle
Promet à mon pays une palme aussi belle ;
Car, de tous les talens le fortuné concours
Consacre à l'avenir les femmes de nos jours.
De nos peintres fameux, l'une, illustre rivale,
Expose ses tableaux dans ce riant dédale
Qui, tous les ans, présente à nos regards surpris,
Les chefs-d'œuvre nouveaux que renferme Paris ;
Et ses rivaux charmés, pour marquer leurs suffrages,
De guirlandes de fleurs couronnent ses ouvrages.
L'autre, de l'art d'Euterpe, élève harmonieux,
Sur sa harpe féconde en sons mélodieux,
Exprime tour à tour la joie et la tristesse,
Les désirs de l'amour, sa plainte ou son ivresse ;
Et par mille *bravo*, l'auditoire enchanté
Exprime le plaisir dont il est transporté.

Quelquefois ces talens, qui charment l'existence,
Servent à soulager la plaintive indigence :
J'ai vu (quel doux spectacle, à mes yeux présenté !)
Des femmes, triomphant de leur timidité,

Faire entendre au public leur voix enchanteresse,
Pour envoyer du pain aux enfans de la Grèce.....
Peux-tu blâmer encore ces talens précieux?
Non, si j'en crois mon cœur, j'ai dessillé tes yeux;
Et d'un moment d'humeur, souriant en toi-même,
Tu vas, désabusé d'un odieux système,
Et laissant les rigueurs d'un zèle hors de saison,
Permettre à la beauté d'éclairer sa raison.
Ainsi, puisse une femme, une femme charmante,
Unissant à l'esprit une humeur complaisante,
Pour te faire expier ton incivile erreur,
Répandre sur tes jours la joie et le bonheur!
Pour moi qui, seulement, consultant mon courage,
Aux femmes de nos jours, consacrai cet hommage,
Je voudrais, cher Ami, pour prix de mes efforts,
Que la beauté sourît à mes faibles accords;
Trop heureux si les chants de ma muse légère,
Valaient à leur auteur un aussi doux salaire.

FIN.

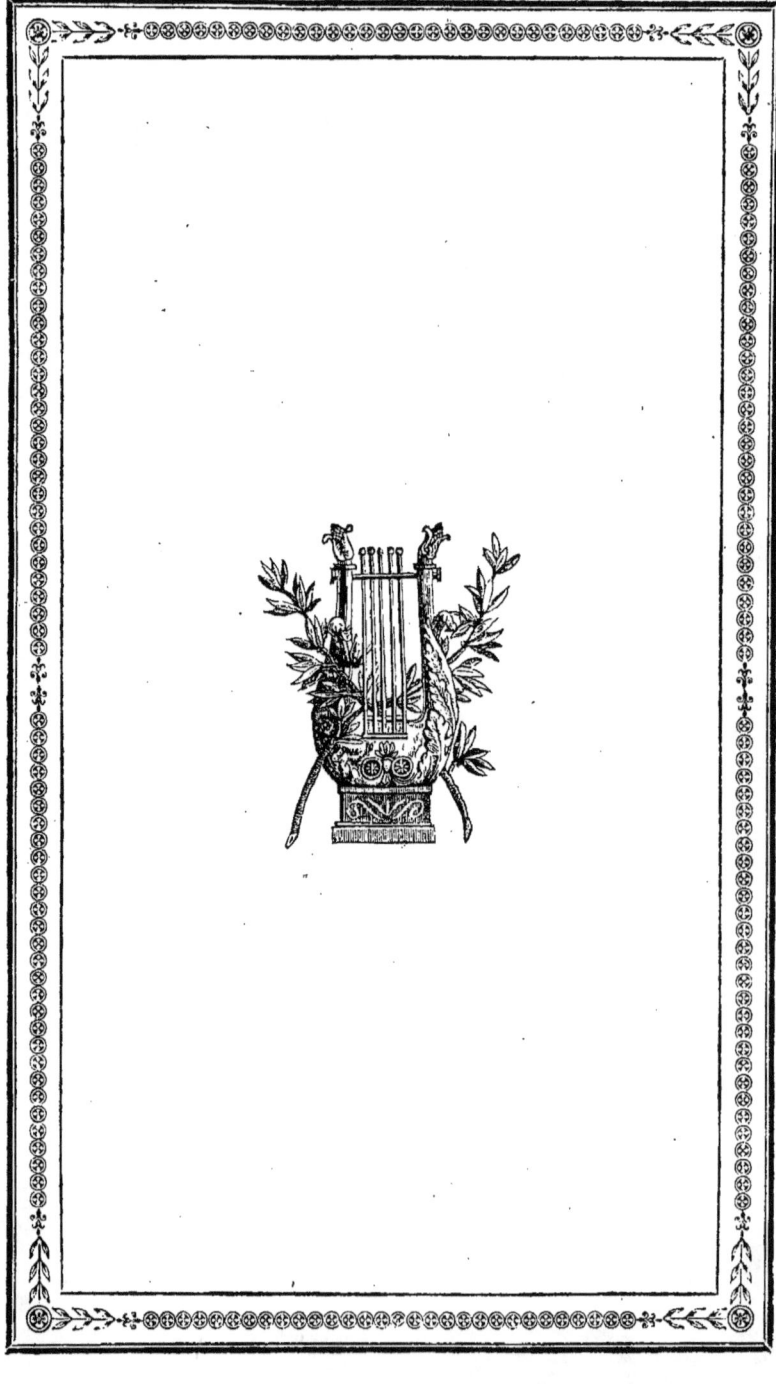

www.ingramcontent.com/pod-product-compliance
Lightning Source LLC
Chambersburg PA
CBHW071417060426
42450CB00009BA/1925